까·는·소·리

라온현대시인선 02 | **필립 시집**

까·는·소·리

인쇄 | 2025년 7월 4일
발행 | 2025년 7월 7일

글쓴이 | 필 립
펴낸이 | 장호병
펴낸곳 | 북랜드
　　　　04556 서울 중구 퇴계로41가길 11-6, JHS빌딩 501호
　　　　41965 대구 중구 명륜로12길 64(남산동)
　　　　전화 (02) 732-4574, (053) 252-9114
　　　　팩스 (02) 734-4574, (053) 252-9334
　　　　등록일 | 1999년 11월 11일
　　　　등록번호 | 제13-615호
　　　　홈페이지 | www.bookland.co.kr
　　　　이-메일 | bookland@hanmail.net

책임편집 | 김인옥
기　　획 | 전은경
교　　열 | 서정랑

ⓒ 필립, 2025, Printed in Korea
저자와의 협의하에 인지를 생략합니다.

ISBN 979-11-7155-142-2 03810
ISBN 979-11-7155-143-9 05810 (e-book)

값 10,000원

라온현대시인선 02
까·는·소·리

필립筆苙 시집

북랜드

| 시인의 말 |

놈의 침묵

뱀의 키스에 눈멀었고
하이에나의 신음에 귀먹었다

지네의 몸통은 난도질을 당해도
토막마다 새로운 악마를 잉태한다

지렁이는 더 이상
밟아도 꿈틀거리지 않는다

차례

- |시인의 말| 놈의 침묵 … 5

1 헛소리에 혼魂을 담다

먼지떨이 … 12
Shine머스캣, 너는 아느냐 네가 빛나는 이유를 … 13
갈대에 대한 오해 … 14
관冠 by 관棺 … 16
新軍舞신 군무 … 18
까는 소리 … 20
꿈 … 22
니가 왜 … 24
돼지꿈 꾼 날의 백일몽 … 26
부동시不同視 … 28
사굴蛇窟: 뱀들은 신림동으로 간다 … 30
신神춘무武예 … 32
어린 왕좌王座 … 34
휘파람, 그리고 칼춤 … 36
야합 … 38

2 서글픔과 따스함의 경계는 모호하다

기찻길 옆 대폿집 ... 40
네가 산토리니를 아느냐 ... 42
아버지의 라면 ... 44
착한 막걸리 ... 46
박스 할머니 ... 48
연호 아제 ... 50
빈 수레는 고요하다 ... 52
그 옛날 석수장이는 어디 갔나 ... 53
탑골공원 미스 박 ... 54
수박, 겉만 핥지 마라 ... 56
벙개시장 브로커 ... 57
붕어빵은 노랗게 운다 ... 58
간판은 저 혼자 꺼지지 않는다 ... 60
누가 누구를 ... 62
파뿌리랑 파뿌리 ... 64

3 이상한 나라의 엘도라도

고무바늘 ... 66
꽃 같은 소리 하네 ... 68
신新 문맹 ... 69
돼지발톱 ... 70
똥파리의 눈물 ... 72
밥그릇을 놓아라 ... 74
빨대술래 ... 76
소경의 꿈 ... 78
수지 킴 ... 80
신천옹信天翁 이야기 ... 82
어떤 미소 ... 84
재財개발 ... 86
짤순이와 짤짤이 ... 88
커튼콜 ... 90
햄릿의 거짓말 ... 92

4 뽑고 싶지 않은 가시도 있다

그 겨울의 구피 ... 96
물혹 ... 97
그리움 한 방울 ... 98
별당아씨 ... 100
브루클린에 가면 그대가 있을까요 ... 102
비겁 ... 104
어쩌라고 ... 105
아픔도 발효가 된다 ... 106
어떻게 이별이 그래 ... 108
여D름 ... 110
풍지, 고리, 그리고 달놈 ... 111
용서, 또는 망각 ... 112
유비쿼터스, 당신 ... 114
주머니마다 그가 있다 ... 116

• |에필로그| ... 118

|해설| 이탈하거나 폭주하는 말들
신상조 ... 119

1부
헛소리에 혼魂을 담다

먼지떨이

명문대 청소학과 졸업
사시司試 합격해서 사시斜視가 된다
오른쪽을 털까 왼쪽을 털까
눈 찢어지고 입 돌아간다

먼지떨이 양손에 들고
광대 춤을 춘다

나의 신조:
털어서 먼지 안 나면 먼지가 될 때까지 턴다

신나게 턴다
미친 듯이 턴다
팔이 떨어져나가도록 털었는데
목이 떨어져나갈 판

검은 양복 윤기 바래고
와이셔츠 칼주름 주저앉을 때쯤
먼지떨이 부러지고
수의囚衣 한 벌 준비해야겠다

Shine머스캣, 너는 아느냐
네가 빛나는 이유를

검었었다 너의 조상은
검을 수밖에 없었다
뭉게구름 찢어지고
최루가스 휘감아 떨어지는 매운 햇볕이라도
악착같이 빨아먹으며 잘근잘근 익어갔다
아스팔트에 까무러치는 불덩이로
까맣게 까맣게 살을 태웠다
허기진 대학생 젖꼭지 한 줌씩 따먹어도
함께 버텨보자고
너그러이 설익은 가슴을 내 주었다

지금은 사뭇 다른 이유로 따가운 태양
포시랍게 빨아먹어 푸르탱탱 살이 쪘나
뻔뻔한 세상 따라 그리 번들거리나
아니면
시퍼렇게 벼린 새들의 부리에 질려
함부로 울지 못해 눈물 가득 채웠나
그렇게 배알 같은 씨앗도 없나
그렇게 껍질째 잘도 따먹히나

갈대에 대한 오해

약해도 바람에 꺾이지 않는다고
어릴 땐 그렇게 배웠지
어른도 아이도 칭찬했지
그런데 말이야
가만히 보면 꺾이지 않는 게 아니라
요리조리 살랑살랑
기회 따라 촐랑인다는 걸
언제부턴가 알게 됐어
선생님이 가르쳐 줬냐고
아니 세상이 가르쳐 줬어
어쩌다 제 것 아닌 서까래 세 개 등에 업은 놈
콧바람에 맞춰 춤추지 않으면
낫으로 아랫도리를 냉큼 베어버리지
뜸부기 날개에 불이 붙지
강풍 불어 서까래 내려앉으면
새로 부는 바람 따라
반대쪽으로 촐랑이지
딴엔 민망한 줄 알아 네 탓 내 탓
서로 어깨를 툭툭 밀치지

지조 없는 갈대라 욕하면
아니 난 억새야 지랄도 하지
다음 생엔 철새로 태어나야지
다짐도 하지

관冠 by 관棺

관冠과 관棺 사이는 한 뼘이다
그림자는 이미 관棺 속에 누웠는데
관冠을 쓴 자는 관棺을 못 본다

크리스털 술잔에 피를 담고
양복 깃에 터져 흐르는 계란
눈물이고 고름임을 알 리 없다

귀를 찌르면 눈이 빛나고
눈을 하나 도려내면
남은 눈은 더욱 시퍼렇다

빛나는 구두 콧등엔 붉은 얼굴이 비치나
목이 굵어 돌아보지 못하는 뒤축에는
관棺이 묶여있으니

뱃속을 비워라
기름이 많으면
불 속에서 더 뜨겁다

\>

술잔은 금이 가고
탬버린은 찌그러졌으니
관冠을 벗고 관棺에 누워라

新 軍舞 신 군무

칼춤을 췄지 총성에 맞춰
봉춤을 췄지 곡소리에 맞춰

붉은 장미꽃잎 흐드러졌네
움푹 팬 아스팔트 위에

하얀 국화 만발했네
새끼줄 감은 나무궤짝 위에

배추흰나비 사라진 날
백색 연무 아래
아지랑이 죽었고
아들딸도 죽었네

오월 햇살 임산부 젖꼭지 애무하고
여고생 가랑이 찢어질 때
라일락 목덜미에
하얀 골 흩어졌네

올림픽 함성에 곡소리 묻히고

88고속도로 국민 화합을 윽박지르던 날
아 대한민국
새 시대가 열렸네

탄흔은 노부의 팬 볼에 남았고
탱크 자국 노모의 이마에 골을 팠는데

다시 춤을 추네
그날처럼
곤봉이랑 대검은 '법과 질서'로 개명을 하고
일본도와 골프채가 '국민 눈높이'에 맞춰
동공을 조준하네

까는 소리

개는 짖는 법을 잊었다
풀 뜯어먹느라

귀신은 달빛 대숲에서 흐느끼지 않는다
씻나락 까먹느라고

비뇨기과는 포경수술 접었다
뱃지 단 자들이 너무 잘 까서

앗!
어디선가 들려오는 정겨운 개소리
반가워 귀 세우니
이무기 트림소리

니혼산 술에
기미가요 장단 맞춰
미아리 텍사스도 내사 부럽지 않소

\>
태극기 휘날리며
사방천지 고래 잡는 소리

까는 소리

꿈

죽선竹扇이 해를 가리는 곳에
방울소리 따라 빈대가 창궐하네

솔아 솔아 푸르른 솔은
검게 그을려 화투장 속에 누웠고
명태 떠난 동해바다
외눈박이 고등어 등 푸른 갈치

잘린 손가락 아직 돌아오지 못하는데
방아쇠 만져본 적 없는 다섯 손가락은
가시 돋친 태양에 경의를 표하네

오호 통재라
바늘 하나 부러진 줄 알았는데
오호 애재라
호랑이 허리가 꺾였네

들불이 해일로 오리니
누워있던 검은 솔 푸르게 일어서고
대숲 불탄 자리 고사리 참꽃 비로소 고개를 세우리니

달래 냉이 씀바귀 어머니 젖무덤을 덮으리니

그제야 막걸리 한잔하겠네
그제야 별이 땅을 보고 있음을 알겠네
그제서야 눈 속 동백 같은 태양을 보겠네
굽은 어깨로 춤 한 번 추겠네

아직은 꿈속이네

니가 왜

거기서 나와
번쩍번쩍 경광등 차머리에 이고
부리나케 달려간 민중의 몽둥이야
니가 왜

마사지샵에서 나와
넥타이 고쳐 매고 깍듯 전화 받고
눈썹 빠지도록 달려간 칼새야
니가 왜

룸살롱에서 나와
분홍잉어 등에 업은 돼지들이랑
왕가슴에 찢어진 그물스타킹
니가 왜

거길 들어가
소 팔고 논 팔아 입신양명 학수고대
두 손 두 발 곰발바닥 되었는데
니가 왜

\>
거길 들어가

-
-

빵에

돼지꿈 꾼 날의 백일몽

돼지가 닭 날개를 달고 하늘을 날다가 추락하는 꿈을 꾸면
복권을 살지 말지 망설인다
"지나는 길에…" 핑계 대며 발끝은 출근길 반대쪽 복권가게로 향한다
신방 색시 속옷 접듯 고이 접어 지갑 속에 감추고
뒤통수엔 만화를 그린다

제목: 날고 싶은 돼지

체중에 맞지 않는 날개옷을 껴입고 옥상을 향한다
추락하는 순간 암퇘지는 사라진다
머리통이 박살난 돼지 주변에 수습꾼들이 몰려온다
파란 양동이 빨간 바가지 손에 손에 들고
뒷다리를 잘라가고, 아냐 목살이 맛있지, 무슨 소리, 돼지는 내장이야
귀와 코는 저잣거리에 걸려 까마귀밥이 되고
저녁마다 집집마다 술안주 밥반찬이 되겠지
피기름 번들거리는 뼈다귀는 향후 오 년간 푹푹 고아 먹을 거야.

몸보신 끝내고,
이쑤시개 질겅질겅 씹으며 새로운 돼지가 등장한다
"믿어주세요!"

2탄의 여운을 남기며
끝.

눈 떠보니 책상 위엔 식어버린 믹스커피 한 잔
오늘은 닭 날개나 먹을까

부동시 不同視

양쪽 눈의 굴절이 다르데
그래서 앞구녕 뒷구녕 구별 못 해
아무 데나 싸 갈기지

뭐 어때 도리도리

딴엔 초점을 맞춘다고
왼쪽 눈으로 오른쪽을 살피고
오른쪽 눈으로 왼쪽을 훑느라

오늘도 도리도리

털 없는 두발짐승과
기어다니는 꽃을 구별 못 해
흰 수염 따라 십자가 따라

내일도 도리도리

가짜 표창장으로 4년간 무상급식
삼백억 가짜통장엔 아홉 달 요양

술이 폭탄 되어 머리를 날려도

난 몰라 도리도리

사굴蛇窟: 뱀들은 신림동으로 간다

신림동 뒷골목 회색 벽에
뚫린 구멍들마다
승천을 꿈꾸는 알들이 놓여있다

이리 구르고 저리 구르며
LED 불빛 아래서 부화에 필요한 온기를 얻고
육법전서六法全書에서 숲과 늪을 헤치고 나아갈 지혜를
구한다

어미 뱀들은 먹어야 할 것과 먹어서는 안 될 것
물어야 할 것과 놓아야 할 것을 몸소 보여 준다
굴 밖에서는 갖가지 무늬의 꽃뱀들이 그들의 출정을
기다린다

하얀 껍질을 찢고 나온 검은 육신은 문지방을 넘으면서
혀의 움직임과 눈의 각도를 조율한다
가늘고 기다란 몸은 한강의 물살을 헤치며
근육의 수와 아가리의 신축성이 배가된다

>
한 계단 두 계단
마침내 대리석 위에 똬리를 틀 때
꼬리는 뒤따르는 뱀의
아가리에 단단히 물려있다

신神춘무武예

엊그제 겨울 지나 새봄이 돌아오는 건
이제 말 그대로 '고전'일 뿐이다

봄은 수의囚衣를 입고 쇠말뚝에 묶였는데
신춘문예를 들먹이고 있다

냉이꽃이야 피겠지 파랗게 쑥도 돋겠지
피라고 하니 필 수밖에 없고 두들기니까 돋아나겠지,
아니 부어오르겠지
머리털 빠진 제비도 날아들겠지

흰 수염의 예수님
제대祭臺에 붉은 돼지머리 바쳐 두고
무사들은 춤을 춘다
듣도 보도 못한 봄노래를 부르면서

한 씨도 권 씨도
나물 캐는 처녀들 아스팔트 위에 뿌려놓고
벚나무 뒤에서 가랑이 사이를 훔치겠지
목련 빛깔 가슴골을 넘보겠지

\>

백조가 트럼펫을 불어도
흑고니*는 아님을 아는데
칼로 빚어낸 봄을 예찬하라니
신춘新春을 노래하라니

불러서 올 봄이면 목이 갈라지도록 부르지
땅을 적셔 올 봄이면 피로 매화뿌리를 젖게 하지
손톱이 얼도록 복수초를 가꾸지

청포도 심은 그 사내가 다시 노래를 부를 때
체모처럼 청보리는 갈라진 속살을 덮고
언 계곡 녹아 황색 하늘을 씻으면
진정코 신춘新春을 노래할 것이니

* 흑고니 mute swan : 고니 중에서 소리를 거의 내지 않는 종種

어린 왕좌王座

'Y'라는 돼지가 제 몸집만 한 별에서 저 혼자 하품을 한다
　'K'라는 사막여우가 다가와 묻는다

K: 꽃은 어떻게 피우고 물은 어디서 얻나요?
Y: 돌멩이를 꽃이라고 하면 꽃이 되고 모래를 물이라고
　　하면 물이 돼
　　진짜 꽃은 말을 안 들어서 다른 별로 보내버렸지

K: 배불뚝이 보아뱀은 어디 있나요?
Y: 코끼리 잡아먹은 줄 알고 배 갈랐더니 비닐덩어리를
　　먹고 죽었두만

K: 나무도 없는데 태풍이 불면 어쩌나요?
Y: 나비의 날개를 꺾어버렸으니 태풍은 없을 거야

K: 아름다운 백조들은 어디 갔나요?
Y: 몸통은 흰데 발이 너처럼 까매서 죽여버렸지

\>

K: 닭이 없으니 동이 트는지 어떻게 아나요?
Y: 난 새벽이 싫어 그래서 모가지를 비틀어버렸지

가장 중요한 것은 보이지 않아 오직 마음으로 보아야 보인다고
누가 그랬나?
보고 싶은 것만 보고 듣고 싶은 것만 들으면 되는 거야

휘파람, 그리고 칼춤

넘고 넘었네 아홉 고개를
빠알간 대나무 밭에서
비린내 나는 허벅지를 핥았네
열두 겹 허물을 벗고 꽃무늬 뱀이 승천했네

서리 휘파람 귀를 찢으니
칼 찬 새들
노을도 아닌데
핏빛 바다를 헤엄치고
외눈박이 인간들은 제자리만 맴도네

방울소리에 달은 대숲에 지고
태양은 고깔 속에 숨었네

시詩는 죽었고
가짜 무지개는 술병 위에 떠서
흰 수염 따라 출렁이네

무대 뒤에서는
까마귀와 학이 매일 옷을 바꿔 입는데

양은 머리만 남았고
개는 몸통만 남았네

야합

콩 심은 데 콩 나고 팥 심은 데 팥 난다더니
콩꽃 떨어진 곳에 팥이 열리고
팥꼬투리가 콩잎 겨드랑이에 대롱대롱

검은 뿌리 손을 잡았다
살생殺生의 혓바닥으로 상생相生을 외치며
푸른 냄비 뚜껑 아래
쥐들이 맷돌을 돌린다

콩 심은 농부 가을 메주 익는 꿈
팥 심은 아낙 동지팥죽 쑤는 꿈
빠루질에 송두리째 뽑히고
대리석 바닥에 드러누운 등짝 아래서
튼실한 궁둥이 아래서
콩가루 팥가루로 어우러진다
콩쥐가 팥쥐 되고 팥쥐가 콩쥐 되는
사이좋은 세상
기막힌 세상

2부
서글픔과 따스함의 경계는 모호하다

기찻길 옆 대폿집

비산동 경부선 철길 옆
비둘기호 열차 따라 문소리도 덜그럭덜그럭
안동집 마산집 지나 서울집
비도 안 오는데
검정장화 신은 까까머리 소년
주모 아랫도리마냥 너덜너덜한 베니다 문짝 밀치면
한숨만큼 늘어진 발
파리 똥 자국도 가뭇한 추억이라

담뱃불로 곰보가 된 장판 위에
문지방 베개 삼아 널브러진 여인네
심심한 선풍기 끄덕끄덕 조는 척
속곳자락 살랑살랑 들춰 본다
목단 무늬 양은 술상엔
아리랑 성냥 한 통에 번데기 한 사발
상 모서리 따라 젓가락에 찍힌 상처들은
목단보다 고왔을 그녀 가슴 같아라

비원교 아래 검은 물 흐르는데
술잔에는 두만강 푸른 물 출렁이고

이모 한 곡 불러 보소
옛사랑이 그리운지 서러운지
술 젖은 애수의 소야곡 귀 뒤로 흘리며
동전 소쿠리 몇백 원 거머쥐고
쭈뼛쭈뼛 소년은 철길 따라 점이 된다

오뉴월 햇볕도 무거운 손님 등짝처럼
비스듬한 벽돌 담장 아래
바람 따라왔나 그녀 따라왔나
진물 가득 채송화 아픈 꽃잎
화물열차 진동에 바르르 떠는데
기찻길 옆에 오막살이는 없다

네가 산토리니를 아느냐

파란 지붕 너머
하얀 담장 뒤에
한 줌 여물에 돌계단을 오르는
나귀의 거친 숨소리를 아느냐

해풍에 짓눌려
제대로 펴지 못한 허리
화산흙 움켜쥐고 기어가는 포도넝쿨 따라
땅처럼 붉은 와인 한 방울 짜내려
피처럼 진한 땀방울 심는 농부의 해진 미소 앞에
네 어찌 위스키를 생각하느냐

모든 눈물 감추는 일몰을,
죽을 수 없어 피멍으로 돌아오는 일출을
네 직접 보았느냐

그 노을에 알몸으로 물든 모래절벽 등지고
사랑이 사탕이라고 네 어찌 말하느냐

검은 물갈퀴 Leda의 하얀 사타구니 할퀼 때

푸른 종탑 아래 그림자도 없이 서 있는 너는 오르가슴을 느꼈더냐 그래서,
　고요한 아칸더스* 머리 위에 뜨거운 부겐빌레아**로 피를 뿌리느냐

　웃지 마라 그곳에서
　함부로 젖가슴 출렁이지 마라
　살아있는 너의 장례식에서
　모두가 기어이 웃으리라

　하얀 항아리를 빚어낸
　검은 바람이 거룩하지도 않느냐

　　* 아칸더스 : 그리스 고유종 식물
　　** 부겐빌레아 : 남미 브라질이 원산지인 외래종 꽃

아버지의 라면

맛있었다
그 라면은
첩의 딸 반듯한 교복 입혀 고등학교 보내고
정실의 아들은 반고개 어느 공장으로 보낸 아버지

그래도 맛있었다
라면은
손톱 밑에 까만 초승달
등불 아래 떴다가 져도

그래도 맛있었지
그 라면은
연탄 두 장에 등짝 시린 대학교 앞 자취방
한 달에 한 번 라면박스 내려놓는 등 굽은 사내

까만 달 하얗게 되고
라면이 끊긴 날
상주는 웃었다

\>
자식새끼 둥지 떠나고
우두커니
베란다 난간에 걸터앉은 허리 굽은 초승달
무슨 생각에선지
소주 한 병에 안주로 끓인 라면

퉁퉁 불은 면발
냉동실에 장작으로 누운 아버지
다물지 못한 입속으로 빨려 들어간다

라면은 맛이 없고
눈앞은 흐리다

착한 막걸리

사천억 비자금 해먹은 인간도
범죄와의 전쟁 한판으로
'보통 사람'으로 만들어주는

붉은 어깨띠 기호 1번
양배추로 김치 담그라는 손에 털 난 것들도
밀짚모자만 덮어쓰면 '일꾼'으로 만들어주는

칠성동 새벽 인력시장
깡통 속 젖은 장작 튕겨내는 불꽃 따라
하루 일당 꿈, 재로 사그라져도
하품하는 주모 상판대기처럼 찌그러진 대폿잔에
어느 놈이 빨다 만 구치베니 얼룩도 꼴리게 만드는

쥐구멍에도 볕 든다는 새빨간 거짓말을 믿으며
막걸리 달빛 머리에 이고
고개 들면
불 꺼진 창 또 불이 켜지는

\>
죽일 년 망할 년 기억 속의 그년도
울면서 절면서 가방 속으로 사라진 그녀도
보송보송 솜다리꽃으로 피어나게 하는

착한 막걸리

박스 할머니

남편 양복 아들 교복 주름 펴고 접던 세월
베옷 입고, 넥타이 매고 하나둘 떠난 뒤
갈퀴로 남은 손
윤기 나는 '골덴텍스' 대신
먼지 묻은 박스 차곡차곡 접는다

박스에 찍힌 새우탕면
군침도 사치인 양 무심히
너덜거리는 테이프만 부-욱 잡아 뜯는다

저녁노을 저 혼자 붉고
흥청대는 발걸음들
대리운전 만 오천 원
도심의 저녁 소란 훔치며
심줄 당겨 묶은 박스 몇 개
할머니 삶 따라 간들거린다

당신 뼈마디와 나란히 삐걱대는 유모차
너마저 떠날라 돌멩이로 받쳐두고
굽을 대로 굽어

바람마저 피해가는 등허리 숙이면
늦가을 수세미처럼 대롱거리는 젖가슴
남정네 손길 간데없고
이십 원 삼십 원짜리 먼지만 쌓인다

연호 아제

동갑내기 처삼촌
새까만 등짝으로 개울에서 염소를 잡는다
양복에 넥타이 맨 교사 조카사위가 고깝다
민 서방, 손바닥에 털 났나, 일 좀 해라

처가 촌수 개 촌수
독기 뿜는 눈초리에 먼 산 보는 척
종이컵에 금복주 한恨으로 넘치는데
민 서방, 제사 지내나 빨리 비우고 한 잔 도고

막살이 때그을음 묻은 입술
숨가닥 숭숭 새는 이빨 사이
고기 찌꺼기 설움 덩어리
다슬기로 붙어있다

두어 해 지나 다시 본 연호 아제
새끼 밴 염소마냥 산같이 부풀어 오른 배
간경화 말기, 충혈된 눈빛
민 서방, 내 나쁜 사람 아이데이

\>
다시 돌아온 명절
한 뼘 더 자란 아이 손잡고 찾은 두들마 마을
염소 잡던 개울 옆 비탈자락
불룩 솟은 그 아제 배 위에

냉이꽃 춤춘다

빈 수레는 고요하다

왕뚜껑을 먹으면 고물쟁이 영감이 생각난다
세발자전거 뽕뽕이 리어카에 달고
곡괭이로 굽은 허리 골목길 헤집다가
저녁나절이면 편의점 앞 계단에 웅크려 앉아
김 나는 왕뚜껑에
막걸리 두어 방울 성성한 수염 끝에 대롱대롱

폭설 내린 겨울 지나고
새로 찬바람 부는데도
퀭한 눈의 그 영감 간데없고
편의점 앞 그 자리엔
젊은이들 웃음소리
때까치 울음소리

동네 고물상 담벼락
관棺으로 묶여있는 리어카
삼베에 싸인 그의 육신을 떠올린다
영감 허파였던 뽕뽕이
숨소리와 함께 울음 그쳤고
달 아래 검둥개 컹컹 짖는다

그 옛날 석수장이는 어디 갔나

모난 돌이 정 맞는다고
정 맞아서 모난 돌은 어쩌라고
둥글게 살라고
둥글게 살았는데
찍히고 깨어져 모난 돌이 되었거든
둥글게 살지 않겠다 다짐했지

모나지 않으면
둥글게 살면
이놈 저놈 먹잇감
불꽃 튀는 쇠망치에
머리통 깨지고 옆구리 터져나가
밟히고 갈려 티끌로 흩어지지

정釘보다 무른 혓바닥으로
학을 주물러 까마귀를 만들고
뱀의 몸통에 양털을 씌우지

모난 돌은 피해 가고 둥근 돌은 밟고 가는 세상
둥글게 살라고
개소리 말라고

탑골공원 미스 박

'잘해 드릴게요'
평생을 잘해 왔는데 퀭한 눈은
오늘도 입 부르튼 맹세를 한다
내일모레 환갑인데
무얼 더 잘하겠다고
심 빠진 브래지어 처진 가슴 받치고
오늘 몫의 탑돌이를 한다

콧대 따라 높았던 하이힐
밥줄 따라 내려앉고
낮아진 뒤축은
이제 땅속도 가까운데
목젖에 매달린 세월
호롱불로 잔바람에 떨고
보세 가방 속 박카스 병들
쨍그랑쨍그랑 운다

이 공원 모퉁이 저 다리 밑
검버섯들 풀린 시선 따라
소주 한 모금으로 마른입 적시고

시든 고사리 일으켜 세운다
살아있다고
탁한 눈물 촛농으로 흐른다

수박, 겉만 핥지 마라

얼마나 가슴을 열고 싶었으면
칼 끝 닿자마자 쩌-억 울음을 터뜨리나

얼마나 바깥세상이 그리웠기에
서러워라 붉은 눈물 그렇게 뚝뚝 흘리나

에미 얼굴 보고파서
뭉게구름 보고파서
파란 탯줄 싹둑 잘릴 때까지
뙤약볕 짊어지고 때굴때굴
어찌 참았나

무엇이 그리도 사무치게 보고파서
까만 눈알 그리도 많이 박혔나

벙개시장 브로커

그림자가 키보다 커지는 오후
조금 남은 햇볕
야윈 엉덩이 스티로폼에 걸친 할매
발등 쓰다듬을 때

빨간 소쿠리에 까까머리 푸른 머리통
'브로커' 나름 가오 잡고
아스팔트 경계선 시멘트 바닥
할머니 이마 닮은 보자기 위엔
'내히'가 한 무더기씩 봄을 말한다
내사마 브로콜리 따윈 모른다고
나물 무더기 닮은 할머니
무심히 지나는 사람 눈 마주치려 애쓴다

그때나 지금이나 봄은 늙지 않고 저만치 서 있는데
어제는 소 묶인 방천 둑
오늘은 배추구멍 밭둑
나물 소쿠리 옆에 끼고 쪼그려 앉아 오리걸음 하던
먹빛 머리 영희는 간데없고
새치 가득한 '내히'만
새들새들 때를 기다린다

붕어빵은 노랗게 운다

아이는,
어쩌면 아빠는 눈물 없이 울었다
함께 먹으려던 비늘만 한 꿈이 땅바닥에 떨어졌을 때
부서진 지느러미처럼
가슴 가장자리가 뜯겨 나갔다
뭐가 부끄러워
애써 무시하며 빠르게 걷는다
뒤통수는 거기 남겨둔 채

어쩌다 뭍에 오른 붕어 세 마리
내외하듯 머리는 서로 다른 쪽을 향해 누웠다
물속에서는
비늘을 부비며 같은 방향을 보았겠지
거친 물살도 함께 헤쳤겠지
해 뜨고 달 질 때마다 달라지는 인간마냥
차가운 보도블록 위에선 서로 딴 곳을 바라본다
나 먼저 주워가 달라고
함께 밟히기 싫다고
팥빛 내장 터져 문드러지기 싫다고

\>
저녁 내내 베개 언저리에
붕어 세 마리가 헤엄친다
풀숲에라도 던져주지 못한 미안함에
꿈에라도 찾아오면
신천新川에 놓아줄게
작은 후회를 또 하나 만들었다

가로등 아래 비늘은 노랗게
빛났다, 눈물일지도 모른다

간판은 저 혼자 꺼지지 않는다

동네 모퉁이
서슬 퍼런 사다리차 쇳소리를 낸다
창백한 배 갈라지고
형광등 갈비뼈 으스러지면
포르르 피어오르는 한 줌의 재

녹슨 볼트 억지로 뽑아내면
비명은 추억들의 발악
버얼건 비듬으로 떨어져
민들레 머리 위에 앉는다

도로 건너편에서 멀뚱히 바라보다
무얼 잡아두고 담아두겠다고
습관처럼 폰 카메라 셔터를 누른다
내일이면 지울 사진이란 걸 알면서도

옅어진 머리숱 따라 색 바랜 간판
사람 떠난 빈집 문 열면
힘겹게 일어나는 먼지
뻥 뚫린 쇳구멍은 허전한 인사 건넨다

\>
간판이 뜯기면
거미줄에 매달린 눈물도 한숨도
잊은 듯 새겨진 어떤 이의 얼굴도
가슴에서 뜯겨 나간다

누가 누구를

위잉, 후투툭
휘이잉, 우지끈
잘라낸다
마구 잘라낸다

바르게 키운답시고
곧게 키운답시고
쭈뼛한 머리 으쓱한 어깨
마구마구 잘라낸다

나름 사는 방법을 알아
바람에 머리 조아리고
햇볕에 속살 보이며
뻗을 곳 접을 곳 잘도 알고 있는데

머릿속 쇳가루로 가득 찬 인간들이
그들 닮은 쇳덩이를 들고 와서
나무도 떨고 그들도 떨고
하얀 살점 공중에 뿌린다

\>
딴엔 바르게 크는 이들을
딴엔 곧게 자라는 그들을
문둥이 불구로 만든다

바르게 키운답시고
곧게 키운답시고
뭣이 바른 건지
뭣이 곧은 건지
좆도 모르면서

파뿌리랑 파뿌리

녹색 몸뻬 빗어 넘긴 흰머리 앞에
또 녹색 몸뻬 풀어헤친 흰머리
하나는 쪼그려 앉았는데
하나는 다리 펴고 누웠네

파뿌리 하나가 끓는 물에 들어가면
또 파뿌리 하나는 따신 찌개를 먹지
하하 호호

내일은 파뿌리 옆에
주름 긁어모은
무말랭이 한 무덤 놓아야지
봄이거나 말거나 봄동이도 불러야지
잠에서 덜 깬 냉이도

3부
이상한 나라의 엘도라도

고무바늘

낙타는 절대 못 들어간대
너무 커서
부자는 더 못 들어간대
보따리가 커서

돈도 없고 몸도 작은 빈대도 못 들어가는데
우리 님은
목에 뱀을 감은 우리 님은
잘도 들어가 바늘구멍을
돈도 많은데 천국을
매일같이 들어가

십일조로 자식 유학
외제차에 부동산 투기

환락의 밤이 지나고
기도 한 방이면 또 천국
참 편리하시다

\>

슬래브 지붕에 네온사인 십자가
몇 년 만에
대리석 기둥에 청동 기와로 둔갑하지

교회매매 : 신도 수 삼천 명

너희들 바늘은
고무로 만들어졌구나

꽃 같은 소리 하네

이름을 불러주니 꽃이 되었다고
불러주기만 하면 다들 꽃이 되나
부르기 전에 이미 꽃인 사람도 있고
불러도 꽃이 되지 않는 인간도 있고
부르지도 않는데 저 혼자 꽃이라고 펄펄 뛰는 것들도 있어
꽃가루 대신 파운데이션 가루 날리는데
벌 대신 파리만 꼬이는데 말이다

차라리
먼지 쌓인 플라스틱꽃
원치 않는 가짜 눈물 달고
시들고 싶어도 시들지 못하는
썩고 싶어도 썩지 못하는
생명 없는 지독한 생명력
어쩔 수 없이 변함없는
그대가 훨씬 낫구려

신新 문맹

네모와 동그라미 구별 못 해
네모를 하면서 동그라미를 한다고

태극기 아래 발가벗겨지고
방광이 터져 죽은 16세 소녀는 간데없고
같은 문양 깃발 아래
무엇이 떳떳지 못해
창 넓은 모자도 부족해
선글라스 마스크 뒤에 꼭꼭 숨나

풀죽은 태극기 아래
처진 목살 펄럭이고
비둘기 똥 소녀상
억울해 녹도 슬지 못하는데

네모를 하면서 동그라미를 한다고
매국을 하면서 애국을 한다고

돼지발톱

불알이 짝불알인 이유는
나란하면 서로 부딪치기 때문이다

새의 노래는 비명이고 새벽닭은 배가 고파서 운다
울면 돌아볼까 짖으면 밥 줄까, 아니!
매만 돌아온다

눈알이 삐딱해야 만개한 잇몸 뒤 두 갈래 혀를 볼 수 있고
목이 굽어야 학의 발뒤축에 박쥐 그림자를 볼 수 있다
팔이 곧으면 똥구멍을 어찌 닦나

개구리는 우물 안에 있어야 안전하고
호랑이도 풀을 먹어야 산다
이무기 산山의 개들은 풀을 잘도 뜯지

입은 함부로 말하라고 째진 것이고
구멍은 넣으라고 뚫린 것이다
그분께서 입도 구멍도 돈으로 막으면 된단다

굽으라 했더니 혀마저 굽어

미생未生이 민생民生으로 둔갑해도
술잔은 잘도 돌아간다

곧게 사는 건 관棺 속에서 충분하다
돼지는 좋은 발톱을 가졌다

똥파리의 눈물

바늘로 찌르면 피 한 방울쯤은 나올 줄 알았는데
두꺼운 살가죽은 파리스*의 화살도 뚫지 못한다

눈을 부릅떠도 코는 잘려나가고
미끄러진 안경은 입술에 걸려 사람들은 입으로 세상을 본다

버스기사의 물건은 팔백 밀리, 검새 물건은 팔십만 밀리
판새의 오른쪽 눈깔은 졸보기, 왼쪽 눈깔은 돋보기

미래지향적 한일관계 질러대던 날
야스쿠니 제단에는 한국산 돼지머리가 올라갔다

창경궁이 동물원이 된 지 70년
청와대는 놀이터가 되고 조선총독관저가 재림한다

6천만 원짜리 탬버린 집에 걸어두고
월세 30만 원,

물에 불은 시신이 실려나간 반지하 창살 앞에서
기념사진을 찍는다

살기 좋은 세상
먹을 것이 넘쳐나 살이 쪄서 날지 못하는 똥파리는
연신 하품하며 눈물을 흘린다

   *파리스 : 트로이의 왕자. 트로이 전쟁에서 아킬레우스의
    발목에 화살을 쏘아 죽게 한 인물

밥그릇을 놓아라

철밥통도
너무 부둥켜안으면 찌그러진다는 걸
국물 쏟아져 사타구니 데고서야 안다

팔이 안으로 너무 굽으면
칼이 제 심장으로 향한다는 걸
등짝에 구멍이 뚫려야 안다

내려놓으라 하면 하와이나 갈 것이지
포크 나이프 휘두르다가
부라린 눈알 포크에 찔리고
롤렉스 손목 나이프에 잘려
목구멍에 호스 꽂아야
보리밥에 꽁치 한 마리 맛난 줄 안다

냄비 밑바닥
뱃속만큼 검어지도록 우려먹었으니
그만 내던지고 이젠
플라스틱 밥그릇*에

똥배 걱정 없는 삼시 세끼
망극하지 않나

   * 교도소에서 쓰는 플라스틱 밥그릇을 뜻함

빨대술래

젖꼭지를 빠는 건 연습이었다
최소한의 입술 근육으로 최대한의 양분을 빨아먹는 기술을
세상에 던져지자마자 연마한다

평화로운 눈빛도 연습이었다
피를 빨면서 세상 온화한 미소를 짓는 걸 보면

때가 되면 모기도 주둥이를 꺾는데
날개를 감춘 박쥐들은 사시사철
먹잇감의 뒷모가지에 빨대를 꽂는다

골수 빠진 풍선 발 아래 나동그라지면
포만감은 눈 뜬 사체를 염殮하고
빨대는 다음 사냥을 준비한다

옛날얘기다
기실은 모두가 빨대다
등에 빨대가 꽂힌 놈은 앞사람의 등에 빨대를 꽂는다
사람과 사람 사이가 빨대로 연결되어 인디언 춤을 춘다

>

빙글빙글 돌아가는 원 가운데에 더 이상 빨릴 것이 없는 쭉정이는
 타닥타닥 빨갛게 솟구치다 하얗게 추락한다
 빠는 힘이 약한 자는 불쏘시개가 된다

소경의 꿈

궁금했었다
소경은 어떤 꿈을 꾸는지
본 것이 없으니 꿈엔들 무얼 볼까
원하는 세상만 볼 수 있으니
유토피아를 꿈꿀까

궁금할 것도 이젠 없다
서로가 서로의 눈을 성실히도 찔러
모두가 소경이다
달팽이관은 고름에 묻혀
제 목소리만 목구멍에 울린다

주둥이는 배설기관으로 진화하고
둔덕 아래는 굶주린 자들의 옹달샘
기형으로 발달한 혀는
외계의 소리를 지껄이거나
성기를 핥는다

신음소리 울음소리
무궁화표 상자에 차곡차곡 담아 캐비넷 안에 가두고

어쩌다 옆에 서 있던 전봇대에 도끼질을 한다
거 봐, 열 번 찍으니 넘어가잖아

소경은 더 이상 꿈을 꾸지 않는다

수지 킴

홍콩 가자
별들이 소곤대는 그 밤하늘 보러

콩꼬투리 몸 자락
만원버스 매달려 깃발로 팔랑거려도
하루 일당 오백사십 원

홍콩 왔다
하늘에서 돈이 쏟아진다는

네온사인 휘감은 나신裸身
율화栗花 내음 진동하는 밤. 밤. 밤.

창이 닫히고, 꿈이 꺼지고
침대 아래 구겨진 육신, 검푸르게 흩어져도
홍콩 밤하늘은 속절없이 빛나네

홍콩 가자
제비꽃 소녀가장 간첩으로 둔갑해서
억울한 뼈다귀

공묘公墓* 아래서 달그락달그락 울어대는 그곳에
마리화나 연기 대신 진달래 한 포기 심으러

알았네
홍콩 밤하늘에 별들이 왜 수군대는지

*공묘公墓: 무연고 시신들을 한데 모아 매장한 묘

신천옹信天翁 이야기

 의미 없는 술잔에
 아무 의미나 갖다 붙여 '쨍그랑'이라는 결과물에 기뻐하는
 의미 없는 사람들이
 돌아서서 내뿜는 한숨에는 의미가 은하수로 흐른다

 날개 한 번 접지 못한 채 지구 반 바퀴를 돌아도 발 디딜 곳은
 혀를 날름거리는 파도와 송곳니가 번득이는 수풀의 경계
 아무 생각 없는 낚시꾼의 징 박힌 발바닥에
 머리가 파이고 아랫배가 뚫린 갯바위 한 조각

 붉은 십자가 네온사인과 나란히 서 있는 모텔 지붕 아래서
 알몸으로 예수 탄생을 축복하는 날
 입김과 탄식이 뒤섞여 폭죽의 재로 흩날려도
 알게 뭐야 함박눈이라 하자

>
지게차에 다리가 잘린 스물한 살 청년의 꿈은 의족과 함께 바지 속에 숨었고
죽음의 물결이 쓸고 간 골목길엔 또다시 빈 병과 박스가 쌓이는데
구부러진 수레가 묵묵히 땅에 떨어진 영혼들을 주워 담을 때
광화문 하늘엔 불꽃이 핀다

희망은 좋은 거라고 좋은 것은 사라지지 않는다고
신천옹은 충혈된 눈을 치켜뜨고 남은 반 바퀴를 돌아나서는데
시계가 녹아내리면
기억세포는 땅속으로 실핏줄을 더듬고

카탈루냐의 콧수염 사내가
바다 저편 알바트로스를 꿈꿀 때도
동상 아래는 핏물이
새싹들의 발목을 적신다

어떤 미소

그래도 그는 웃고 있네
웃어서 웃는 건지
울지 못해 웃는 건지

비스듬히 옆으로 젖혀진 고개
헤벌쭉 벌린 입가에 고인 침은
꾹 참은 눈물
목젖 타고 흐르는가

눈물 없는 울음소리 잉잉 흘리며
전동 휠체어는 달린다
호미로 굽은 손목
제대로 펴지는 손가락 세 개
식권 같은 명함 움켜쥐고
휘어진 혓바닥 끝에 매달린 힘든 미소

코끝이 시려 빨간 게 아니라
코끝이 찡해 빨간 것인 줄
돌아서서 알았네

\>
피노키오 목각 인형
까만 구두 대롱대롱 매달린 발목
휠체어 방향 따라
이리 흔들 저리 흔들

그래도 그는 웃고 있네

재財개발

곰삭은 굴뚝 떠받치는
슬레이트 지붕 위 저승꽃밭
강아지풀 마지막 춤을 춘다네

비닐봉창도 노인네 각막도
술에 취해 붉었다 꿈에 취해 검었다
사철 다른 울음 울지요

바람 세워두고
흰 구름 비빌 언덕도
바람 보내고 먹구름 참은 눈물 쏟을 곳도 있소

주저앉은 아궁이 입가에 명아주 해맑고
잘난 나팔꽃 죽은 전봇대 감아 돌아
낮달 더듬는다오

해도 있고 별도 있는데
부엉이 살지 않는데
사람들은 달동네라 한다오

아득바득 땅 움켜쥔 질경이 떼
굴착기 무쇠 발에 갈가리 찢기는데
허리 꺾인 코스모스 분홍 웃음 하얀 웃음

안·**錢**·제·일
녹색 십자가 예수님인 양 앞세우고
오래전에 식은 구들장 으깨지요

도시가스 에어컨 필요 없소
해진 부채랑 빗물받이 양동이면 족하니
똥칠할 벽 한 뙈기만 남겨주오

난쟁이도 죽었잖소

짤순이와 짤짤이

새 발의 피 짜 먹는 맛
벼룩의 간 빼먹는 재미
희소가치는 언제나 짜릿하다

지푸라기에서 엑기스 뽑고
죽은 오징어 불 위에 춤추게 해
예술혼을 불태우지

원하는 것은 무엇이든 가질 수 있어
축복받은 세상이라고
하얀 계곡 검은 숲에서 축배를 들지

장군의 흉상이 창고에 처박히고
외로운 섬에 붉은 원숭이가 오줌을 싸도
짤순이와 짤짤이는 잘도 돌아가지

까마귀가 그 위를 지나며
가랑이를 벌리는데
왜 그러는지 그들은 모르지

\>
굼벵이가 구르는 이유를
개미허리가 잘록한 이유를
그들은 쥐뿔도 모르지

커튼콜

부르지 마라
막이 내렸으니 돈 세어봐야지
삼겹살을 좀 살까

영웅도 아니다 막이 내리면
황후도 없다 커튼 뒤엔

갑옷 속엔 땀 젖은 BYC 팬티
대수머리 벗어던지면
파마머리에 비너스 브래지어

그러니 부르지 마라
너희들이 감성에 젖을 때
저들은 땀에 젖는다

관객이 떠나면
투구 대신 헬멧
금의錦衣 대신 앞치마

\>
붉은 막 한쪽엔 은하수가 흐르고
반대쪽엔 담배꽁초 가득한 박카스 병들

역적과 간웅奸雄이 별을 노래할 때
그들의 귀와 눈처럼
무겁게 닫힌 막 앞에 섰던 주인공은
신호등이 바뀌길 기다린다

햄릿의 거짓말

사십대 가장 머리가 핸드폰으로 내려찍혀
술 취한 여자한테
칠십대 택시기사 지푸라기로 흩날려
젊은 년 손아귀에

섹스가 끝나면
십육 개월 아이의 늑골이 동강 나 살을 뚫고
여덟 살 아이의 장기가 터져

슬근슬근 톱질하세
남자의 뼈를 자르고 살을 발라내어
이 동네 고양이 저 바다 갈매기 밥을 주네

날름거리는 기계의 혓바닥에
야근 남편 손모가지가 빨려 들어가도
어린 자식들 피자 한 판에 리모컨 던져주고
사이키 조명 아래서 자유로운 영혼을 갈구하네

끝도 보이지 않는 여권신장을 부르짖으며
그들만의 독립투사는 말했다지

하루라도 허리를 돌리지 않으면 엉덩이에 가시가 돋는 다고

약한 자여
그대 이름은 남자이니라

4부
뽑고 싶지 않은 가시도 있다

그 겨울의 구피

열대어인 줄 몰랐다
몰랐다기보다 잊었다
아픔이 너무 커서

빚더미 등에 지고
살던 집 버릴 때
구피도 자기 집을 버렸다

동짓달 차가운 못물에 어항을 비웠다
비명조차 얼어버린 녀석들 향해
잘 가라고, 잘살라고 손짓했다

세월 지나
옛이야기 소주잔에 담다가
열대어란 사실을 깨닫는다

머리가 하얗게 언다
보내준다는 게
정말로 보내준 셈이다

물혹

저기 보여 네 모습이
저기 흘러 네 향기가

뒤꿈치에 네가 남긴 혹 덩이
몸은 앞으로 기우는데
발은 땅에 붙어
걸음마다 서걱서걱
땅울음 운다

구멍을 내어 물을 짜내면
가벼워질까
거짓말

구멍은 가슴에 났는데
물은 눈에서 나와
얼지도 마르지도 않아

그냥
그냥 두기로 했어

그리움 한 방울

또 길을 나선다
그것 말고는
할 수 있는 게 없기에
오늘은 비켜가야지 다짐도
어느새 빈말 되어
그 골목으로 이끈다

지워진 발자국
풀뿌리에 솜털 하나라도 숨어있을까
동전 찾는 아이마냥
이 모퉁이 저 돌 밑 기웃거리다
쪼그려 앉아 마른 흙 한 줌 쥐어본다

모든 것을 보았을 벽 쓰다듬다
겨울 끝이라 하나 아직은 시린 손등에
난데없이 번지는
너의 오줌같이 따뜻한 물기
덩달아 몸을 떠는 벚나무 기둥에 문지르고
'또 올게'

\>

눈가에 맺히는 그리움 한 방울
네가 파 놓은 샘물인 줄 알지
마르지 않을 것도 알지
너에게 갈 때쯤
그칠 것도 알지

별당아씨

정월 초하루 저고리만 훌렁 벗겨놓고
섣달그믐 동안 한 번도 찾지 않았네
불 꺼진 방에서 오매불망 기다렸네
하루 두어 번 문 앞을 지나는 발소리
행여 들어와 치마 한 번 벗겨줄까
밋밋한 가슴 저 혼자 두근거렸네

원망도 많이 했네 욕도 많이 했네
여느 집 년年들은 한 달에 한 번
치맛자락 걷어 올리두만
내 무슨 팔자로 이놈한테 잡혀 와서
살아봤자 열두 달
따신 입김 한 번 못 받나

수절한 내 앞에 새 년年 들고 나타나서
내 모가지 비틀어 떼어 낸다
싱싱하게 웃음 짓는 저 년年
너도 한번 살아봐라

\>
그랬구나
내 그대를 잊고 있었구나
미안하오
내 당신을 튼튼한 골판지 관棺에 넣어
양지바른 폐지함에 고이 묻어 주리다

브루클린에 가면 그대가 있을까요

불 꺼진 아궁이
재만 남은 입속에
어지러운 타액을 남겨놓고 당신은
신기루가 되었습니다

담벼락에 그려진 해바라기처럼
무너진 그 계단 위의 울먹임은
길고양이 울음 따라 흩어질 줄 알았는데
지독하게도
송진덩어리로 굳었네요

짠내 나는 물로 다듬고 다듬어
영롱한 호박 빛을 띠면
충혈된 눈으로 돌아섰던
범어동 모퉁이 회색 건물 창에
등불로 걸어두겠습니다

바람 불어 흔들리면
저녁 그림자만큼 길었던 머리카락
홀로그램으로 피어오를까요

잠시 멈추어 옅은 미소라도 띄울까요
그냥 지나가도 좋습니다

브루클린에 가면 그대가 있을까요

비겁

나무가 왜 우는지 몰랐다

결혼행진곡이 울려 퍼지고
식장 밖에선 느티나무가 몸을 추스르고 있었다

가을해가 비치는 쪽은 이미 누렇게 물이 들었는데
반대쪽 잎사귀들은 계절 모를 눈물을 글썽이고 있었다

폭죽소리에 떨리는 꽃다발
리본 휘날리는 리무진으로 걸어갈 때

나무는 부스스 떨었고
흐느낌은 갈채에 묻혔다

나무가 우는 줄 알았는데
나무 뒤에 기대어 있는 소녀

안경 가장자리에 걸린 하늘색 원피스
못 본 척 하객을 향해 손을 흔든다

비겁함이 리본 끝에 나부낀다

어쩌라고

꿈속 찾아와
왈칵 울음 터뜨린 목련
무슨 일 있나요

그믐달로 떠난 후
닮은 뒷모습마다 흔들리는 목젖에는
입술 깨물어
보이고 싶지 않은 이슬
그때는 매달려 떨었는데

새벽하늘 후둑후둑 빗소리
그댄 이제사 우나요
멀뚱히 건너편 나무를 바라보는
겨울 가로수는
봄이 되면 새로 눈물 맺히겠지만

어쩌나요 이젠
그대가 심고 간 또 하나의 목련은
껍질만 떨구는데
이끼조차 머물지 않는데
아지랑이도 비켜 가는데

아픔도 발효가 된다

장을 담갔다
옹기는 속이 보이지 않아
무엇을 담고 있는지 알 수 없다

장腸을 담갔다
장腸을 끓였다
옹기는 한 방울도 새어나가지 않는 줄 알았다

뚜껑만 덮어두면
묵혀도 삭혀도
아무도 모르게 간직될 줄 알았다

웃음 사이로 새어나는 한숨
얼음 그릇에 맺히는 물방울
부지불식간에 삐져나오는 눈물인가

기억은 보이지 않는 숨구멍으로 기어이 빠져나와
옹기 겉에 하얀 꽃 피워
따개비 부스럼으로 번져간다

>
옹기에 종기가 생겼다
우툴두툴
옹기종기

어떻게 이별이 그래

떠날 줄이야 알았지
언젠가는
보내야 할 줄도 알았지
때가 되면

그땐 어떻게 할 거냐 물으면
나도 따라가지 뭐 하며
그냥 웃었지
참 가벼웠지

떠났어
어떻게 그렇게 떠났어
마음의 준비 따윈 먼지였어
준비라는 건 애당초 부질없는 말이야

둑이 무너져
눈가에 노을이 강으로 흘러
남은 발자국 위에
별은 오늘따라 유난히 차가워

\>
응달에 차마 녹지 못한 눈
얼굴모양으로 뭉쳐보아도
가기 전 그랬던 것처럼
이내 무너져

발끝 잠시 더듬고는
하늘로 휘감아 올라
수천 개로 흐르네
수만 개로 빛나네

여D름

여름처럼
매미처럼
잠시 머물다 갈 것을

내 작은 몸집에 비하면
바다 같은 당신 얼굴에
좁쌀 한 자리도 내어줄 수 없었나요
핏물 진물 나도록 후벼파야만 했나요

어쩌다 둥지 튼 당신 콧자락
향긋한 스킨로션만 뿌려주었더라면
당신 몰래
흔적 없이 떠났으련만
여리디여린 날 모진 손톱으로 도려내고
제임스 딘 대신 후시딘 꾸역꾸역 밀어 넣나요

거 보세요
그렇게 야박하니까
내 죽어 한이 되어
거뭇딱지로 남은 거예요
못된 사람

풍지, 고리, 그리고 달놈

문풍지 그만 떨어라
과부 꽃술 덩달아 떤다

문고리 그만 흔들어라
옷고름 풀어줄 님도 없는데

마 시끄럽다
보름달 혓바닥 봉창 뚫고 들어와
속살 핥는다

대보름 밤
달토끼 우물가에서 방아 찧는데
앞집 과부 허벅지 하얗고
뒷집 홀애비 손톱 까맣다

용서, 또는 망각

복수심에 복수가 찼다
갈기갈기 찢어져 나락으로 떨어지길
술잔마다 '위하여'를 외쳤다
분홍 커튼 옆 하얀 침대 위에
익숙한 맨살로 웃고 있는 네 프로필 사진
핏빛으로 물들기를 기도했다

너의 현란한 혀 놀림에 까맣게 떨어졌던 순간
눈 떠보니 가슴에 칼이 꽂혀 있었다
기어코 돌려주려 간직한 칼은
견디다 못해 뽑아낸 그 칼은
저 혼자 녹슬었고
피도 말랐다

부끄러움인지 포기인지
덮어야지 감추어야지
혹시 새 풀 돋아날까
행여 제비꽃 필까
강아지풀 솟아나

아무 일 없었다는 듯 무심히 머리 흔들까
부드러운 이끼로 덮는다

곪거나 혹은 아물거나

유비쿼터스, 당신

카프리섬의 포말은 그대 눈물이었다
나폴리의 밤 무적霧笛에 고개 든 가로등
무얼 그토록 그리다 충혈된 눈동자
해무海霧도 쓰리기만 한데

아라호바 종탑 돌계단
캄파룰라 꽃무리 사이를 맴도는 벌새는
날갯짓만큼이나 울었을 당신 이야기를
무너진 델포이 석주 사이에 들풀로 심고

알람브라궁 기둥에 기대어 선 그대
칠백 년 전 인연을 분수 위에 띄우는데
그라나다의 쪽달은
자박자박 전설을 밟는다

두브로브니크 성벽 돌이끼 따라
아드리아 해변 붉은 지붕보다 더 붉은
이제는 미소를, 잘 가라 깃발로 나부끼던 당신
그곳에 묻고 온 줄 알았는데

\>
느티나무 마른 잎 가루로 남던 날
풀벌레도 떠났는데
어느새 술병 뒤의 파리한 실루엣
바스락바스락 눈물 떨군다

주머니마다 그가 있다

그가 없어도
주머니는 저 혼자 커피를 내린다
아메리카노 라떼 카푸치노
때로는 에스프레소

내 발 그의 발
여섯 개가 함께 드나들었던 카페 수만큼이나
주머니엔 제각기 다른 향기가 웅크려 있어
손을 넣으면
로즈마리로 피어오른다

기억은 주머니마다
엉겅퀴 바늘로 박혀있어
계절이 한 번씩 모두 지나면
그 많은 향기가 다 지워질까
숱한 기억도 함께 비워질까

미련한 미련에
그럴 리가 없기를 바라는 건
그러기 싫은 건

무슨 모순인가

한 올의 기억도
꼭꼭 봉인해두고
닮은 모양 구름 흐르면
손 넣어 그의 향기 만지작거리고 싶은 건
또 무슨 비현실인가

| 에필로그 |

 이 시집에서 다루어지는 특정 직업과 신분에 대한 비판은 해당 직업과 신분을 일반화한 것이 아니라 그 분야에 몸을 담은 이들 중 사리사욕에 눈이 멀어 신분을 망각하고 의무를 저버린 소수의 사회악들을 희화화한 것이므로 성실히 소명을 다해 직분에 임하고 있는 다수의 분들께 누累가 되지 않기를 바란다는 점을 밝혀둔다.

| 해설 |

이탈하거나 폭주하는 말들

신상조

해설

이탈하거나 폭주하는 말들

신상조 | 문학평론가

"세상을 혐오하기는 참으로 쉬운 일이다." 혐오보다는 분노가, 분노하기보다는 연대하고 동참하는 것이 어렵다. 다만 사라지지 않는 불안 속에서 길들여지는 데 익숙해진 우리에게 혐오를 넘어 분노에 가닿기 위한 우선적인 조건은 비판이다. 비판만이 위대하고, 또 위대하다는 구호는 부정적 현실주의자들이 선택한 가장 선명하고 힘찬 조언이다. 또한 비판은, 사는 의미와 살 권리를 상실한 사람들을 뻔뻔하게 유혹하는 위로와는 차원이 다른 조언이다. 필립筆竝 시인은 현실주의자다. 비판은 『까•는•소•리』를 존재 증명하는 한 방식이다.

*

필립 시인의 첫 번째 시집 『까•는•소•리』는 시가 운율을 가진, 아름다운 언어의 조합이라는 기존의 통념을 허문다. 언어를 도구로 삼는 문학이 크게 서정과 서사로 세분화한 이후, 시는 길고 긴 서사는 소설에 맡겨두고 주로 서정에만 전념해왔다. 시의 간결성과 함축성은 복잡한 서사는 물론이려니와 직정적直情的 언어 등을 자르고 베어낸 절제의 미덕에서 비롯한다. 그러나 이러한 여타의 시들에 비해 이 시집은 특히 언어의 운용 면에서 시인 내부의 욕망과 그 욕망이 발설할 수 있는 목소리를 고의로 절제하지 않는다. 화자의 목소리는 세계를 비판하고자 하는 욕망에 감염된 언어로 거침없이 발화된다.

   제목인 '까는 소리'의 도발성을 살펴보자. 흔히 남성 성기를 속되게 들먹이며 "까는 소리하고 있네!'라고 사용되는 데서 보다시피, 사전에 정식으로 등재되지 않은 관용구 '까는 소리'의 비속함은 가히 충격적이다. 그런데 '귀신 씻나락 까먹는 소리'에 비견되는 '까는 소리'는 필립의 시집에서 이치에 닿지 않는 엉뚱하고 쓸데없는 말이라는 뜻이기보다 비꼬려는 태도의 비판적 언설言說에 가깝다. 비판을 의도하는 비속한 표현에서 오는 감각은 바로 밑바닥의 언어만이 표출할 수 있는 생생한 에너지일 것이다. 비속한 언어는 일차적으로 시인인 '나'로부터 진동하는 존재의 진폭을 느끼게 하고, 다음으로는 부조리한 세계에 속박되어 판단력을 잃어버린 우리의 문제점을 불가항력적으로 깨닫게 만든다. 그렇다면 과감하고도 솔직한 언어 선택이 특징인 이 시집은 누구를, 무엇을 비판하고 있는가? 그 첫째가 한국 근대사의 부정성을 극복하기가 요원한 암담한 정치 현실이다.

    칼춤을 췄지 총성에 맞춰
    봉춤을 췄지 곡소리에 맞춰

    붉은 장미꽃잎 흐드러졌네
    움푹 팬 아스팔트 위에

    하얀 국화 만발했네
    새끼줄 감은 나무궤짝 위에

    배추흰나비 사라진 날
    백색 연무 아래
    아지랑이 죽었고
    아들딸도 죽었네

    오월 햇살 임산부 젖꼭지 애무하고
    여고생 가랑이 찢어질 때
    라일락 목덜미에
    하얀 골 흩어졌네

올림픽 함성에 곡소리 묻히고
88고속도로 국민 화합을 윽박지르던 날
아 대한민국
새 시대가 열렸네

탄흔은 노부의 팬 볼에 남았고
탱크 자국 노모의 이마에 골을 팠는데

다시 춤을 추네
그날처럼
곤봉이랑 대검은 '법과 질서'로 개명을 하고
일본도와 골프채가 '국민 눈높이'에 맞춰
동공을 조준하네

- 「新軍舞신 군무」 전문

「新軍舞신 군무」는 대한민국의 암울한 근대사를 배경으로 하나, '新'이 지시하듯 과거의 한국사를 빌려 현재의 한국사와 이원적으로 접속한다. 조문弔問을 상징하는 '하얀 국화'와 관棺의 이미지를 가진 '새끼줄 감은 나무 궤짝'은 '88고속도로'와 '88올림픽'으로 대변되던 시기로 진행되기까지의 숱하고 억울한 주검을 환기한다. 한글이 아닌 한자 제목은 '軍'을 도드라지게 하기 위함이다. 한자는 의미 기능에 충실한 표의문자다. 한글에 부기付記하는 형태가 아닌 한자어 제목은 민民이 주인이 되기를 염원했던, 멀리는 동학농민운동까지 거슬러 올라가는 외침의 역사를 짓누른 폭력의 강고함을 기호 그 자체로 드러낸다. 나아가 시는 임산부와 여고생으로 대변되는 민간인들이 죽어갔던 '광주의 오월'을 군軍이 민民을 짓밟는 한 예로써 호명하고 있다. "하얀 골 흩어"진 '오월'을 딛고 대한민국은 외양만을 번쩍거리는 싸구려 번영으로 나아간다.

하지만 「新軍舞신군무」는 단순히 저러한 과거를 돌아보며 상실을 어루만지는 것을 넘어선다. '올림픽 함성'과 소외된 민중의 '곡소리'가 대비되듯, '88'로 대변되는 한국사는 "국민 화합을 윽박지르던" 군사 정권이라는 대타자가 극단의 이데올로기를 내세워 건전한 민주화 발전을 방해하던 시기였다. 이와 같은 대한민국의 근대사를 바탕으로, 시의 마지막 연을 여는 부사 '다시'는 민주화에 대한 시민의 각성이 갖는 역사적 깊이와 상반되는 암담한 시대 현실을 강조한다. 요컨대 민생과 평화를 돌보는 일이 "곤봉이랑 대검"으로 이루어지고, 개인과 공동체를 향한 억압과 폭력이 "'법과 질서'로 개명을 하"는 현상은 민주주의의 회복이 단지 법치주의의 강화로만 수렴되는 결과를 낳는다. 기득권의 부당한 힘 위에 '정의'라는 명분마저 실어주는 일은 공동체 전체의 승리가 아닌 특정 집단의 승리에 불과한 것이다.

「新 軍舞신군무」는 중요한 사회적 판단이 사법 엘리트들의 손에 휘둘리고 있는 우리 사회를 군무에 빗대고 있다. 이처럼 다수를 억압하는 소수와 그 특권층의 부당한 이득에 대한 감시와 경계를 목적으로 하는 비판이 첫째라면, 두 번째로 필립 시인의 시는 덧붙여 그들의 야합과 그로 말미암은 전도된 세상을 고발한다.

> 콩 심은 데 콩 나고 팥 심은 데 팥 난다더니
> 콩꽃 떨어진 곳에 팥이 열리고
> 팥꼬투리가 콩잎 겨드랑이에 대롱대롱
>
> 검은 뿌리 손을 잡았다
> 살생殺生의 혓바닥으로 상생相生을 외치며
> 푸른 냄비 뚜껑 아래
> 쥐들이 맷돌을 돌린다
>
> 콩 심은 농부 가을 메주 익는 꿈
> 팥 심은 아낙 동지팥죽 쑤는 꿈
> 빠루질에 송두리째 뽑히고
> 대리석 바닥에 드러누운 등짝 아래서
> 튼실한 궁둥이 아래서
> 콩가루 팥가루로 어우러진다
> 콩쥐가 팥쥐 되고 팥쥐가 콩쥐 되는
> 사이좋은 세상

기막힌 세상

- 「야합」 전문

 "콩 심은 데 콩 나고 팥 심은 데 팥 난다"란 속담을 활용한 「야합」은 콩을 심은 데서 팥이 나고 팥이 열려야 할 곳에 콩이 열린 전도된 세상을 풍자하고 있다. 명백한 원인이 선의의 결과를 보장하지 않는 이유는 "검은 뿌리"끼리 서로 "손을 잡"은 야합에서 비롯한다. 좋지 못한 목적으로 의기투합한 그들은 "살생殺生의 혓바닥으로 상생相生을 외치"면서 수족처럼 부리는 "쥐들"로 하여금 은밀히 "맷돌을 돌"리게 해서 부당한 이득을 취한다.

 콩 심은 농부가 가을에 메주 익는 꿈을 꾸거나, 팥 심은 아낙이 동지팥죽 쑤는 꿈을 꾸는 건 당연한 노릇이다. 그러나 '대리석 바닥에 드러누운 등짝'과 '튼실한 궁둥이'로 비유된 인물들의 "빠루질"로 말미암아 이들의 순박한 꿈은 "송두리째 뽑히고" 만다. '빠루'는 쇠지렛대의 속어다. 공구의 일종으로 끝이 구부러져 있어 갈라진 틈에 못 머리를 끼워 지레의 원리로 못을 뽑을 수 있도록 만든 쇠막대를 가리킨다. '못'의 원관념이 '꿈'이라고 할 때, 농부와 아낙의 꿈을 뽑아버리는 '빠루'의 무지막지함은 힘없는 소시민들의 꿈이 얼마나 쉽게 뿌리뽑힐 수 있는지를 상상하게 만든다.

 정치 역학으로 볼 때, '등짝'과 '궁둥이'로 형상화되는 인물들은 공적 매체들을 소유하고 집단의 발언권을 독점하고 있는 "예외적 개인들"로 여겨진다. '살생殺生의 혓바닥'은 가증스럽게도 '상생相生'인 대의를 외치지만, 실상 이 예외적 개인들은 다수의 이해가 아닌 자신들이 속해 있는 집단과 이해관계에 철저히 복무하는 사람들에 불과하다. 무엇보다 "무엇이 그들에게 해가 되고 득이 되는지 누구보다 잘 알고 있다는 의미에서 그들은 예외적 개인들"인 것이다.

또한 자기들의 사적인 이해관계를 '상생相生'이라는 대의론으로 내세울 수 있다는 점에서 이들은 예외적 개인들이자 공적 개인들이기도 하다. 이들은 특정 집단의 이해관계가 마치 국민 전체의 것인 양 포장할 뿐만 아니라, 자신들이 국민과 국가를 위해 '헌신'하고 있는 것처럼 모두를 속이기까지 한다. 그 결과로 악한 팥쥐가 선한 콩쥐로 변신하는 그야말로 '기막힌 세상'이 도래했음을 시인은 바야흐로 목도 중이다. 마찬가지로 "무대 뒤에서는/ 까마귀와 학이 매일 옷을 바꿔 입"(「휘파람, 그리고 칼춤」)는다고 시인은 단언한다.

특정 집단의 이해관계가 다수 대중의 이해관계로 왜곡·변형되는 전도된 세상을 향해, 그리고 그들의 야합을 두고 시인은 "사이좋은 세상", "기막힌 세상"이라고 반어적으로 풍자한다. 시인은 이러한 세상임에도 그 구성원들 다수가 현실을 총체적으로 바라보고 판단할 능력을 상실한 "외눈박이"(「휘파람, 그리고 칼춤」)들로 이루어져 있음이 참으로 답답하다. 순수하나 무지하고 비판적이나 편협한 외눈박이들과 달리, 시인의 시선 아래서 세상은 '콩과 팥', '콩쥐와 팥쥐', '까마귀와 학'으로 선명하게 이분화된다. 문제는 지나친 이분법이야말로 자칫 섣부른 판단과 가치관으로 무장한 채 '다름'을 '그름'으로 공격할 위험에 노출되기 쉽다. 시인은 '팥쥐'와 '까마귀'를 향한 적개심과 증오심만으로 마음의 문을 닫아걸고서 반대편을 벌레보다 못한 존재로 비하하며 일방적 주장만을 펼치려는 걸까? 갈등과 대립을 겁내지 않는 시인이 '나'가 믿는 신념과 가치관이 절대적임을 고수하는 태도에는, 개인적 상흔을 어영부영 덮고 넘어가지 않겠다는 시퍼렇게 멍든 결기가 엿보인다. 이는 사회 정의를 요구하며 불의에 저항하는 투사가 아닌, 개인 단위에서 사회적 고통을 겪은 피해자의 목소리라는 점에서 주목을 요한다.

> 모난 돌이 정 맞는다고
> 정 맞아서 모난 돌은 어쩌라고
> 둥글게 살라고
> 둥글게 살았는데
> 찍히고 깨어져 모난 돌이 되었거든

둥글게 살지 않겠다 다짐했지

모나지 않으면
둥글게 살면
이놈 저놈 먹잇감
불꽃 튀는 쇠망치에
머리통 깨지고 옆구리 터져나가
밟히고 갈려 티끌로 흩어지지

정釘보다 무른 혓바닥으로
학을 주물러 까마귀를 만들고
뱀의 몸통에 양털을 씌우지

모난 돌은 피해 가고 둥근 돌은 밟고 가는 세상
둥글게 살라고
개소리 말라고
-「그 옛날 석수장이는 어디 갔나」 전문

  오민석의 글에 따르면 한 사회를 집단 광기로 몰고 가는 여러 가지 시뮬라크르들이 있다. 근대국가의 형성과 발전의 과정에서 가장 흔하게 발견되는 것이 '민족', '애국', '혁명', '조국', 이런 것들이다. 이런 기표들은 대부분 국가주의의 기의記意를 가지고 있고, 자신들과 다른 생각을 가진 집단을 적대시한다. 대신 그것들은 그 안에 참여

하는 개인들을 동질성의 확고한 틀로 묶어내며, 그것에 열광하는 사람들로 하여금 자신들이 '정의의 투사'라는 판타지를 갖게 만든다.

 반면 「그 옛날 석수장이는 어디 갔나」의 화자는 둥글게 살려고 노력하다 보니 모난 돌이 되고 만 역설적 존재다. 모나게 굴지 않고 살아가려는 순박한 이들이 오히려 "이놈 저놈"의 "먹잇감"이 되거나 "밟히고 갈려 티끌로 흩어"진다고 그는 항변한다. 둥글게 살아가는 "학"인 이들을 모가 났다며 "까마귀"로 정의하는 것은 "정釘보다 무른 혓바닥"이다. 이 '무른 혓바닥'은 공적 매체들을 소유하고 있거나 집단의 발언권을 독점하고 있는 존재들을 상징한다. 이들에 의해 소위 '여론'이라는 것이 형성되고 유포된다. 그러니 화자는 "모난 돌은 피해 가고 둥근 돌은 밟고 가"면서도 "둥글게 살라고" 회유하는 세상을 향해 소리칠 수밖에 없다. "개소리"하지 말라고!

  거기서 나와
  번쩍번쩍 경광등 차머리에 이고
  부리나케 달려간 민중의 몽둥이야
  니가 왜

  마사지샵에서 나와
  넥타이 고쳐 매고 깍듯 전화 받고

> 눈썹 빠지도록 달려간 칼새야
> 니가 왜
>
> - 「니가 왜」 부분

 집에서 잔다고 한 여자친구가 나이트에서 나오는 걸 본 남자가 "네가 왜 거기서 나와"를 반복하는 흥겨운 트로트가 생각 나는 시다. "마사지샵에서" 향응을 받느라 민중의 지팡이가 민중의 몽둥이로 전락한 치안 주체들의 타락을 놓고 해학적으로 풍자하고 있는 「니가 왜」는, 'B급 하위문화 코드'를 다양하게 활용하는 시집의 특징을 보여준다. 필립 시인의 시에서 두드러지는 'B급 하위문화 코드'는 비속어가 섞인 소위 '막말'에 가깝다는 인상을 준다. 건전한 비판은 비판의 주체나 객체 모두를 더욱 숭고하고 존엄한 상태로 이끈다. 그러나 막말은 "모든 '너'를 '그것'으로 격하시키며, 그리하여 모든 '나'들조차 '그것'들이 되게" 할 따름이다. 시인은 이런 위험성을 모르거나 모른 척하는 걸까?

> 개는 짖는 법을 잊었다
> 풀 뜯어먹느라
>
> 귀신은 달빛 대숲에서 흐느끼지 않는다
> 씻나락 까먹느라고

비뇨기과는 포경수술 접었다
뱃지 단 자들이 너무 잘 까서

앗!
어디선가 들려오는 정겨운 개소리
반가워 귀 세우니
이무기 트림소리

니혼산 술에
기미가요 장단 맞춰
미아리 텍사스도 내사 부럽지 않소

태극기 휘날리며
사방천지 고래 잡는 소리

까는 소리

- 「까는 소리」 전문

　「까는 소리」에서 시행의 초성을 조합한 언어유희로서의 '니기미' 혹은 "개소리"나 "까는 소리" 등은 둥글게 살다 보니 찍히고 깨어져 모난 돌이 되어버린 사람들의 목소리를 '정확히' 대변한다. 이성적 자아와 초자아의 검열을 거치지 않은 채로 거침없이 외화外化되는 비속어나비표준어들은 부당하게 짓밟혀온 억울한 주체들의 심정을 환기하게 만드는 진정성을 가진다. 이것이 비속어가 가지는 파토스적 힘이다. 무엇보다 비속어는 사회가 이들에게 새긴 상흔을 나타내는 기호이자, 상처의 흔적들로 인해 황량하고 헐벗은 주체의 내면을 가시적으로 드러낸다. 그러므로 배제와 소외의 대상들을 향한 화자의 연민 어린 시선을 살펴보는 일은 이 시집의 실체에 접근하는 지름길에 해당한다.

왕뚜껑을 먹으면 고물쟁이 영감이 생각난다
세발자전거 뽕뽕이 리어카에 달고
곡괭이로 굽은 허리 골목길 헤집다가
저녁나절이면 편의점 앞 계단에 웅크려 앉아
김 나는 왕뚜껑에
막걸리 두어 방울 성성한 수염 끝에 대롱대롱

폭설 내린 겨울 지나고
새로 찬바람 부는데도
퀭한 눈의 그 영감 간데없고
편의점 앞 그 자리엔
젊은이들 웃음소리
때까치 울음소리

동네 고물상 담벼락

관棺으로 묶여있는 리어카
삼베에 싸인 그의 육신을 떠올린다
영감 허파였던 뿡뿡이
숨소리와 함께 울음 그쳤고
달 아래 검둥개 컹컹 짖는다

- 「빈 수레는 고요하다」 전문

자기 생각이나 인식을 풍자적 어법으로 진술하던 여타의 시들에 비해 이 시는 묘사가 많고 정서적으로도 차분하다. "왕뚜껑을 먹으면" 생각나는 "고물쟁이 영감"은 화자에게 비판이 아니라 연민의 대상이기 때문이다. 시에는 '뿡뿡이 소리', "찬바람 부는" 소리, "젊은이들 웃음소리", "때까치 울음소리", "숨소리", "울음"과 더불어 음성상징어인 "컹컹"의 등장으로 청각적 심상의 활용이 비교적 다양하다. 시에서의 각종 소리가 노인이 남기고 간 '빈 수레의 고요함'을 부각하기 위한 대비임은 당연하다. 다종다양한 소리 가운데 적막이 시름처럼 스며든다.

사실 시인은 붕어빵을 보면서도 "팥빛 내장 터져 문드러지기 싫다"(「붕어빵은 노랗게 운다」)는 울음소리를 듣는, 작고 연약한 것들의 슬픔에 걸핏하면 반응하는 감성의 소유자다. 그는 "양복에 넥타이 맨 교사 조카사위가" 고까워서 "민 서방, 손바닥에 털 났나, 일 좀 해라"라고 툭하면 시비를 걸던 "동갑내기 처삼촌"에게서 "민 서방, 내 나쁜 사람 아이데이"(「연호 아제」)라는 사과를 받을 만큼 무던한 성격이기도 하다. "간판이 뜯기면/ 거미줄에 매달린 눈물도 한숨도/ 잊은 듯 새겨진 어떤 이의 얼굴도/ 가슴에서 뜯겨 나간다"(「간판은 저 혼자 꺼지지 않는다」)란 그의 고백을 들어보자. 간판이 저 혼자 꺼지지 않는다는 말은 아마도 진실하다. 생업을 접은 가게의 불 꺼진 간판(「간판은 저 혼자 꺼지지 않는다」), 동네 고물상 담벼락에 기대놓은 낡은 리어카(「빈 수레는 고요하다」), 나물 파는 할머니의 빨간 소쿠리(「벙개시장 브로커」) 등, 이러한 누추한 사물들에 담긴 '눈물과 한숨'을 기억하려 시인은 시를 쓰기 때문이다.

*

시의 저항 정신에는 여러 종류가 있다. 예컨대 시적 전통주의에 맞서는 아방가르드적 실험 정신이나 해체적 상상력이 내재적 전복을 꾀한다면, 김수영의 시에서 발견되는 통렬한 자기비판이나 김지하의 시에서 드러나는 지배층의 부정을 고발하는 풍자나 해학 등은 현실 인식에 근거한 반성을 도모함으로써 우리 사회가 나아가야 할 방향을 진지하게 모색한 경우다.

비속어나 'B급 하위문화 코드'가 넘쳐나는 필립 시인의 시는 후자의 저항 중에서도 주로 지배층의 부정을 고발하는 데 집중하고 있다. 명문대를 졸업하고 "사시司試 합격해서 사시斜視가" 된 인사가 "털어서 먼지 안 나면 먼지가 될 때까지 턴다"(「먼지떨이」)라는 신조로 살아간다든가, "니혼산 술에/ 기미가요 장단 맞춰"(「까는 소리」) 노는 향락적 문화에 젖어 산다는 건 이 시대의 엘리트 지배계층이 부패할 대로 부패했음을 전제한다. 그렇더라도 시인은 자신을 정의의 투사로 착각하지 않거니와, 부조리한 세상에 대한 비판을 수사修辭로 남용하지 않는다. '개판'인 대상을 고상하게 표현하지 않겠다는 건 세상을 대하는 시인의 의지이자 그가 가진 시적 믿음에 해당하는 문제다. 냉소와 조롱만이 문학의 존재 의미는 아닐지라도, 그것들은 세계의 감각을 흔들고 교란한다. 그리고 다른 세계를 상상하는 필립 시의 가능성은 다음 시집으로 활짝 열려 있는 것이다.